Daniel Barani

Der Mythos Vlad Țepeș unter Nicolae Ceaușescu

GRIN Verlag

Bibliografische Information der Deutschen Nationalbibliothek:

Die Deutsche Bibliothek verzeichnet diese Publikation in der Deutschen National-
bibliografie; detaillierte bibliografische Daten sind im Internet über http://dnb.d-
nb.de/ abrufbar.

Impressum:

Copyright © 2011 GRIN Verlag GmbH
Druck und Bindung: Books on Demand GmbH, Norderstedt Germany
ISBN: 978-3-656-54109-7

Dieses Buch bei GRIN:

http://www.grin.com/de/e-book/264596/der-mythos-vlad-tepes-unter-nicolae-
ceausescu

GRIN - Your knowledge has value

Der GRIN Verlag publiziert seit 1998 wissenschaftliche Arbeiten von Studenten, Hochschullehrern und anderen Akademikern als eBook und gedrucktes Buch. Die Verlagswebsite www.grin.com ist die ideale Plattform zur Veröffentlichung von Hausarbeiten, Abschlussarbeiten, wissenschaftlichen Aufsätzen, Dissertationen und Fachbüchern.

Besuchen Sie uns im Internet:

http://www.grin.com/

http://www.facebook.com/grincom

http://www.twitter.com/grin_com

Daniel Barani

Der Mythos Vlad Ţepeş unter Nicolae Ceauşescu

Seminararbeit
Leitfach: *Geschichte*
Rahmenthema des wissenschaftspropädeutischen Seminars:
Mythen und Legenden in der Geschichte

Inhaltsverzeichnis

1 Der Umgang mit Bram Stokers „Dracula" vor 1989

Der Vampirgraf Dracula ist eine der bekanntesten Figuren des Horrorgenres. Nach Bram Stokers 1897 erschienenem Roman „Dracula" lebt er in einem Schloss in Transsilvanien und hält dort den Engländer Jonathan Harker gefangen. Stokers Vorlage für seine Hauptfigur ist der mittelalterliche rumänische Woiwode (=Fürst) Vlad III. Drăculea Țepeș, der sich in Rumänien eher des Status eines Helden als eines Blutsaugers erfreut. Bis 1989 ist die Geschichte des Vampirgrafen in Rumänien nahezu unbekannt, da die Übersetzung des Vampirromans unter die Zensur der regierenden Partidul Comunist Român (*rumänisch* Kommunistische Rumänische Partei) fällt. Eine erste unzensierte rumänische Version von Stokers Bestseller wurde zwar in den 1970er Jahren zu Zeiten der Westöffnung Rumäniens erstellt, erschien aber erst 1990. In dem Vorwort von Barbu Cioculescu, das 1990 angehängt wurde wird klargestellt dass dieses Buch in Amerika fast 100 Jahren vorher, nämlich 1897 erschienen war. Dr. Duncan Light erklärt diese Zensur in seinem Werk „When was Dracula first translated into Romanian?" (*englisch* „Wann wurde Dracula das erste Mal ins Rumänische übersetzt?") so: „Da Dracula von Vampiren und Übernatürlichem handelt, wurde der Roman als offenbar ungeeignet für einen auf den materialistischen und wissenschaftlichen Prinzipien des Marxismus beruhende Staat betrachtet."[1] Allgemein war die PCR unter Ceaușescu sehr darauf aus, den Woiwoden ins rechte Licht zu rücken und ihm einen positiven Charakter zuzuschreiben.

In der folgenden Seminararbeit wird der Mythos Vlads Țepeș unter Ceaușescus Regierung im Vergleich zu Vlads Biographie und der Veränderung der Sage vor Ceaușescus Diktatur 1967 betrachtet. Außerdem werden die Gründe der Glorifizierung Vlads von Seiten der Kommunisten ab 1967 erörtert und dargelegt, dass die Vlad Țepeș-Legende zu dieser Zeit ein für die optimale Darstellung eines Mythos benötigtes, volles Potential ausschöpft.

Während der erste Teil der Arbeit die Biographie Vlads III. Țepeș Drăculea und die Entwicklung des daraus hervorgehenden Mythos hauptsächlich aus Informationen der sekundärer Literatur entnimmt, bestehen die Quellen der My-

---

[1] Light, D., When was Dracula first translated into Romanian, o.O. 2009. S. 1.
Im Original: „Dracula, with its emphasis on vampires and the supernatural, was apparently regarded as an unsuitable or inappropriate novel in a state founded on the materialist and "scientific" principles of Marxism."

thosentwicklung unter Ceaușescu v.a. aus Primärliteratur, so etwa ein Film und ein Schulbuch aus dieser Zeit. Im Verlauf der Seminararbeit werden größtenteils englisch- und rumänischsprachige Quellen zitiert, aber für einen besseren Lesekomfort vom Autor der Seminararbeit im Fließtext deutsch wiedergegeben und in der Fußzeile im Original festgehalten.

2 Vlad III. Țepeș Drăculea vor 1964

2.1 Biographie

2.1.1 Vlad II. und Drăculeas Kindheit

Vlad Țepeș wird, wie Heiko Haumann, der Autor von „Dracula. Leben und Legende", es beschreibt, in die „unruhige Zeit"[2] des 15. Jahrhunderts hineingeboren. Etliche Kriege beeinflussen den Alltag der Bevölkerung in Europa. Neben dem seit 1337 zwischen Frankreich und England herrschenden „Hundertjährigen Krieg" und unzähligen anderen Schlachten prägt der Konflikt des expandierenden Osmanischen Reiches und europäische Vertreter des christlichen Glaubens vor allem das Leben in Südosteuropa.[3]

1431 hält „Sigismund von Luxemburg (1368-1437), König des Heiligen Römischen Reiches, Ungarns und Böhmen"[4] einen Reichstag in Nürnberg ab, um Maßnahmen gegen das Vordringen der Osmanen unter Sultan Murad I. zu besprechen. Aus diesem Grund wird auch Vlad II. „aus dem Hause Basarab"[5] in die Reichsstadt beordert, um dort vom König zum Woiwoden der Walachei ernannt zu werden. Außerdem schlägt Sigismund Vlad zum Ritter des Drachenordens, den er selbst zum Kampf gegen „Heiden und Schismatiker"[6] gegründet hatte. Dieser Ritterschlag verschafft Vlad II. den Beinamen „Dracul" (altrumänisch „Drache"), von dem der von Bram Stoker berühmt gemachte Name „Dracula" stammt. Sein kurz zuvor geborener Sohn Vlad III. erhält gleichzeitig den Beinamen „Drăculea" (altrumänisch „Sohn des Drachen").

---

[2] Haumann, H., Dracula. Leben und Legende, München 2011, S. 13.
[3] Vgl. Ebd., S. 8-13.
[4] Märtin, R., Dracula. Das Leben des Fürsten Vlad Țepeș, Berlin 1980, S. 8.
[5] Zach, K., Vlad III. Țepeș, in: Deutscher Taschenbuch Verlag (Hg.), Lexikon des Mittelalters, Band VIII., München 2002, S. 1790.
[6] Haumann, Dracula, S. 9.

Der Geburtsort und das Geburtsjahr Vlads III. Dräculea sind nicht eindeutig überliefert. Viele Historiker legen die transsilvanische Stadt Sighişoara (Schäßburg) im Jahre 1431 fest, allerdings gilt Nürnberg ebenfalls als möglich, da sich sein Vater zu dieser Zeit dort aufhält. Er lebt bis ca. 1440 in Târgovişte (Tergowisch), der Hauptstadt der Walachei. 1438 muss Vlad II., um nicht vom osmanischen Heer überrollt zu werden, auf Seiten des Sultans wechseln. Daraufhin werden Vlad III. Dräculea und sein Bruder Radu als Geißeln

Abb. 1: Vlads Portait, Ölgemälde, 16. Jh.
Quelle:
http://de.wikipedia.org/w/index.php?title=Da-tei:Vlad_Tepes_002.jpg&filetimestamp=20080825015632

an den Hof des Sultans geschickt, um dort die Treue des Vaters gegenüber dem Sultan zu garantieren. Im November 1447 wird Dracul besiegt und Vladislav II. von Hunyadi, dem ungarischen Woiwoden Transsilvaniens, zum neuen Woiwoden ernannt. „Wie viel der junge Vlad von all diesen Vorgängen erfuhr, wissen wir nicht. Wir kennen nicht einmal seinen genauen Aufenthaltsort. 1446 hatte die osmanische Gesandtschaft seinen Vater von seinem guten Gesundheitszustand unterrichtet."[7]

2.1.2 Vlad III. Dräculea, Woiwode der Walachei

Dräculea wird, nachdem der Tod Vlad Draculs dem Sultan Anfang 1448 mitgeteilt wurde, augenblicklich zum Nachfolger seines Vaters erklärt. In diesem Jahr versammelt Hunyadi ein Heer, das er als groß genug empfand, um gegen Sultan Murad II. ins Feld zu ziehen. Vladislav beteiligt sich daran und „stellte [...] [Hunyadi] weitere 8.000 [Mann] und nahm persönlich am Feldzug teil."[8] Dräculea besteigt während Vladislavs Abwesenheit den Thron in Târgovişte. Allerdings ist es für Vladislav II. kein Problem, ihn zu vertreiben und seinen Platz als Woiwoden einzunehmen. Daraufhin reist Vlad über Umwege nach Transsilvanien.

Im Juli 1456 wird der neue Sultan Mehmed von einem Heer unter Hunyadi bei Belgrad geschlagen. Er erteilt Vlad während seiner Abwesenheit die „Schutz-

---

[7] Ebd., S. 22.
[8] Märtin, Dracula, S. 75.

wacht Siebenbürgens"[9]. Drăculea erkennt seine Chance, zieht mit einer transsilvanischen Einheit in die Walachei ein, schlägt Vladislav und lässt ihn an dem Platz in Târgoviște hinrichten. Somit besteigt er mit 25 Jahren den walachischen Thron als Vlad III. Drăculea. Diesmal kann er sein Fürstentum, dank „acht Jahren intensiver politischer Exiltätigkeit"[10], konsequenter regieren. Haumann nennt seine ersten Amtshandlungen: Zunächst beginnt er mit der Stärkung der Wirtschaft als Grundlage seiner Macht. Weiterhin schafft er Voraussetzungen für ein stehendes Heer und beschränkt den Einfluss der Bojaren (adlige Großgrundbesitzer, denen der häufige Machtwechsel am Târgovișter Fürstenhof viel Macht einbrachte). Dies festigt nicht nur seine Zentralgewalt, sondern sichert auch eine innere Ordnung in seinem Land.[11] Im selben Jahr kümmert er sich um die außenpolitischen Beziehungen zwischen den beiden Großmächten. Er leistet dem ungarischen König den Treueid und erklärt sich danach zum türkischen Vasall. Kurze Zeit später bilden sich die ersten Konflikte. Ein Aufstand der mit ihm verbündeten Siebenbürger Städte wird von ihm unterdrückt. So „marschierte er 1457 nach Siebenbürgen, verwüstete die Gegend um Kronstadt und wütete unter der Zivilbevölkerung."[12] Weiterhin wird jeder Bewohner der Siebenbürger Städte, der ein von ihm ernanntes Gesetz missachtet, umgehend und „erbarmungslos zum Tode verurteilt."[13] Folgende Aufstände und Verschwörungen gegen ihn, schlägt er brutal nieder. Ralf-Peter Märtin nennt in seinem Buch „Dracula. Das Leben des Fürsten Vlad Țepeș" Beispiele für die erbarmungslose Bekämpfung innerer Feinde. So beschreibt er, wie der „Pfahlwoiwode"[14], wie Märtin Vlad in seinem Vorwort nennt, den aufsässigen Bojaren Albu cel Mare und seine ganze Familie hinrichten lässt.[15] Diese von ihm bevorzugte Art der Hinrichtung bringt Vlad III. Drăculea seinen zweiten Beinamen Țepeș (rumänisch „der Pfähler") ein. Zusammenfassend definiert Märtin Drăculeas politisches Credo, das „auf eine Durchsetzung von Ruhe und Ordnung im Innern als Voraussetzung einer unabhängigen Regierung nach außen"[16] beruht. Diese Unabhängigkeit stellt Țepeș 1460 auf die Probe,

---

[9] Ebd., S. 94.
[10] Ebd., S. 94.
[11] Vgl. Haumann, Dracula, S. 27.
[12] Ebd., S. 28.
[13] Ebd., S. 29.
[14] Märtin, Dracula, S. 10.
[15] Vgl. Märtin, Dracula, S. 106.
[16] Ebd., S. 108.

indem er die jährlichen Tributzahlungen an den osmanischen Sultan verweigert. Im Winter 1461/62 attackiert er sie jenseits der Donau und zieht weit ins von den Türken unterworfene bulgarische Gebiet ein. Daraufhin stellt Sultan Mehmed ein Heer mit 100.000 Mann zusammen, mit dem er persönlich in Richtung Walachei zieht. Vlads Halbbruder Radu begleitet ihn, um seinen Bruder als Woiwode zu ersetzen. Țepeș vermeidet die offene Schlacht und überwältigt das osmanische Lager bei Nacht. Den Rest seines Heeres lässt der Sultan nach Târgoviște ziehen. Da der moldauische Woiwode Ștefan cel Mare in den Wirren des Krieges die Gelegenheit nutzen will, um die Hafenstadt Chilia zu erobern, muss Țepeș seine Armee teilen und kann so dem Kampf gegen den Sultan nicht Stand halten. Radu wird zum neuen Woiwoden der Walachei erhoben und Vlad muss erneut nach Transsilvanien fliehen.

2.1.3 Vlads letzten Jahre

Der ungarische König Matthias Corvinus lässt Drăculea im Dezember 1462 festnehmen, nachdem die Städte der Siebenbürger und die Bojaren dies gefordert hatten. In einer russischen Quelle wird überliefert, dass Vlad III. in dieser Zeit „lernte [...], Bücher einzubinden, und [er] bestritt damit seinen Lebensunterhalt."[17] Nach seiner Freilassung 1475 führt er ungarische Truppen gegen die Türken an, bei dem er sogar, wie es heißt, gefangene Türken eigenhändig hinrichtet und ihre Überreste auf Pfählen verteilten lässt, bis er am 26. November 1476 zum dritten Mal der Woiwode der Walachei wird. Doch diese letzte Regentschaft hält sich nicht lange. Zur Jahreswende 1476/77 fallen die Türken erneut ein, doch diesmal kann Vlad III. diesem Ansturm nicht standhalten und stirbt. Die genaue Todesursache ist dabei nicht klar, vermutet wird der Tod in der Schlacht oder durch einen Mordanschlag. Er wird im Kloster Snagov bestattet, sein Kopf soll aber in Honig konserviert Mehmed II. geschickt worden sein.

---

[17] Ebd., S. 153. Zitiert nach: Florescu, R./McNally, In Search of Dracula, Greenwich 1972.

2.2 Der ursprüngliche Mythos und dessen Veränderung bis 1964

Wiefacht sich an gar ein graussen liche erschrockenliche hystorien von dem wilden wüterich, Dracole wayde. Wie er die leüt gespißt hat. vnd gepraten, vnd mit den haüßtern yn einem kessel gesoten. vn wie er die leüt geschunden hat vn zerbacken lassen als ein kraut. Jtes er hat auch den mütern ire kind gepraten vnd sy haben müssen selber essen. Vnd vil andere erschrockenliche ding die in dissem Tractat geschriben stend. Vnd in welchem land er geregiret hat.

Abb. 2: Ţepeş speisend während Pfählung, Holzschnitt, ca. 1500
Quelle: http://thefifthcorner.com/tag/dracula/

Schon 1462/63 werden wahrscheinlich in Wien gedruckte Flugschriften mit dem Titel „Histori von dem posen Dracol, die Geschichte vom bösen Dracula"[18] verbreitet. Ab 1488 erscheinen mehrere Drucke, die die Geschichte des Woiwoden mit überzogener Brutalität schmücken und eine Verachtung gegenüber dem „barbarischen Osten" zum Ausdruck bringen.[19] Heiko Haumann schreibt, dass Michael Beheim mit seinem noch zu Lebzeiten Vlads verfassten Gedicht „Drakul" wesentlich zur Prägung des Bildes des Woiwoden in Mitteleuropa beitrug. Es besteht größtenteils aus Informationen, die auch in „Histori von dem posen Dracol" enthalten sind. Des Weiteren merkt er an, dass dieses Gedicht von 1462, also dem Jahr der Festnahme Vlads, von Matthias Corvinus in Auftrag gestellt wurde, um die Festnahme unter anderem vor Kaiser Friedrich III. zu rechtfertigen.[20] Oft werden diese Anekdoten wie historische Ereignisse behandelt. So stellt auch Märtin einige Erzählungen über den Woiwoden als tatsächliche Vorkommnisse dar, obwohl diese eher als Sagen gewertet werden sollten, da sie mit hoher Sicherheit erfunden sind. Zum Beispiel erzählt Märtin von einer Begegnung zweier Mönche mit Vlad, von denen der eine behauptet, dass es des Woiwoden Recht sei grausame Strafen zu verhängen. Dieser Mönch wird von Vlad belohnt, wohingegen ein anderer Mönch gepfählt wird, der den Woiwoden kritisiert.[21] Historisch ist von einer solchen Begebenheit nicht auszugehen, sie ist eher Teil der Anekdote.

Neben weiteren deutschen Flugblättern, die mit den Gräueltaten des Woiwoden ihre Leser unterhalten sollen, gibt es auch osmanische und russische Schriften über ihn. In den türkischen Quellen werden Drăculea außer seinem außerordentlichen Mut nur negative Eigenschaften zugeschrieben, wobei die

---

[18] Haumann, Dracula, S. 45.
[19] Vgl. Ebd., S. 45.
[20] Vgl. Ebd., S. 46ff.
[21] Märtin, Dracula, S. 112f.

russischen Schreiber ihn als Verfechter der Gerechtigkeit ansehen, vermutlich um „die autokratische Politik [zu] rechtfertigen, die damals in Russland keineswegs unumstritten war."[22]

In Rumänien dagegen wird Țepeș nicht als besonders blutgierig dargestellt, sein grausames Handeln als notwendig angesehen und sein Mut wird geschätzt. Im Gegenteil zu den oben genannten Quellen sind die aus Rumänien stammenden Quellen statt durch Schriften größtenteils durch folklorische Lieder und Erzählungen überliefert. Im 19. Jahrhundert, in dem der rumänische Nationalismus wächst, oder wie Haumann es ausdrückt die „Erfindung der rumänischen Nation"[23] stattfindet, werden Helden und Mythen aufgegriffen, um diesen Nationalismus zu formen. Obwohl es verschiedene Meinungen unter den rumänischen Historikern gibt und sich einige sogar für die Taten des Țepeș schämen, tendieren doch die meisten zur Verehrung des „Pfahlwoiwoden".

Mit der Einrichtung der kommunistischen Diktatur 1947 in Rumänien verstummen alle Klänge des vorher ausgiebig angetriebenen Nationalismus. Wegen der Loyalität zu Stalin werden kulturelle Stränge zum „sozialistischen Bruder" gesucht. Zu dieser Zeit ist Dräculea ein sehr seltenes und unbeliebtes Gesprächsthema unter den rumänischen Historikern.

3 Der Mythos Vlad Țepeș unter Ceaușescu

3.1 Machtwechsel und Einfluss auf die Geschichtsschreibung

1967 übernimmt der amtierende Generalsekretär der kommunistischen Partei PCR Nicolae Ceaușescu den Vorsitz des Staatsrates, was ihn zum Staatsoberhaupt Rumäniens und Oberbefehlshaber der rumänischen Armee macht. Mit ihm ändern sich der politische Kurs und die Einstellung zur Sowjetunion. Er ver-

Abb. 3: Ceaușescus Portait, Motiv für eine Briefmarke, 1988
Quelle:
http://en.wikipedia.org/wiki/File:Nicolae_Ceausescu.png

---

[22] Haumann, Dracula, S. 61.
[23] Ebd., S. 63.

folgt das Ziel, aus Rumänien einen autonomen Staat zu kreieren und distanziert sich somit von der sowjetischen Großmacht.

Auch unter den rumänischen Historikern lässt sich dieser neue politische Zustand als eine Kehrtwende im Umgang mit der eigenen Geschichte feststellen. Entscheidende Ereignisse für den Weg der Rumänen von den Dakern zu den drei Fürstentümern Transsilvanien, Walachei und Moldau, zum Königreich und schließlich zur Sozialistischen Republik werden wieder intensiv gelehrt und diskutiert. Doch genau wie schon unter Gheorghiu-Dej wird dieser Kurs von der PCR eingeleitet und die Geschichtsschreibung von ihr beeinflusst, was laut Light „in einem Regime, das die Geschichte oft für ideologische Ziele falsch darstellte, um besonders die Stellung und die Politik der PCR und ihres Generalsekretärs zu legitimieren, fast zu erwarten [war]"[24].

Unter anderem werden besonders unter den Woiwoden der Walachei und der Moldau rumänische Nationalhelden gesucht. Ihre Mythen, die auch schon Teil der rumänischen Folklore sind, werden aufgegriffen und den Bürgern verändert in Erinnerung gerufen. Hierbei stellt man fest, dass Mythos und wahre geschichtliche Ereignisse nicht selten vermischt werden, um diese Helden attraktiver zu gestalten. So geschieht es auch mit der Gestalt des Vlad Țepeș.

3.2 Darstellung und Manipulation des Mythos

Herfried Münkler unterteilt die Darstellung eines Mythos in seinem Buch „Die Deutschen und ihre Mythen" in drei Ebenen: Die narrative Variation, also die Weiter- und Umerzählung des Mythos durch folklorische Erzählung oder durch mediale Verarbeitung, die ikonische Verdichtung, die bildliche Form der Darstellung, und die rituelle Inszenierung, die beispielsweise aus jährlichen Gedenkfeiern und Paraden besteht. Sein volles Potenzial schöpft der Mythos aus, wenn er auf allen drei Ebenen dargestellt wird. Nach diesem Muster wird auch der Vlad Țepeș-Mythos unter Ceaușescu im Folgenden analysiert und zusätzlich die Manipulation durch die kommunistische Partei aufgezeigt.

---

[24] Light, D., The Status of Vlad Țepeș in Communist Romania: A Reassessment, o.O. 2007, S. 5.
Im Original: „Indeed, this was almost to be expected in a regime that routinely manipulated history for ideological ends, particularly to legitimate the position of the Romanian Communist Party and its General Secretary."

3.2.1 Narrative Variation

Zu der Weiter- und Umerzählung des Țepeş-Mythos durch die Folklore, die vor allem außerhalb der Großstädte in Rumänien bis in unsere Zeit noch einen sehr hohen Stellenwert einnimmt, kommt im kommunistischen Regime von 1964 bis 1989 die narrative Variation durch Medien hinzu.

Neben Büchern und Zeitungsartikeln, die aufgrund des Erscheinungsjahres unter 3.3.3 besprochen werden, erscheint auch der Kinofilm „Vlad Țepeş" von Doru Năstase im Jahr 1979. Da dieser Film, wie es zu Beginn heißt, „in Zusammenarbeit mit dem nationalen Verteidigungsministerium"[25] gedreht wurde, ist von einer Manipulation des Mythos auszugehen, was auch der Fall ist, wenn man den ursprünglichen Mythos mit ihm vergleicht. Historische Tatsachen werden zu Gunsten Vlads falsch dargestellt. So gibt

Abb. 4: Szene aus „Vlad Țepeş": Vlad Țepeş (re.) und sein Armaş (li.)
Quelle: http://qiq.ws/showim/358525

Vlad z.B. seinen Thron an seinen Bruder ab, weil er die Hinrichtung unschuldiger walachischer Kinder und Frauen verhindern will. Außerdem ist eine Figur im Film auffällig, die es vorher im Vlad Țepeş-Mythos noch nie gab. Es handelt sich hierbei um einen Offizier, der zu Beginn auf Seiten des amtierenden Woiwoden Vladislav II. gegen Țepeş kämpft und vor der Schlacht noch „Tod dem Sohn des Drachen"[26] zu seinen Soldaten ruft. Nach verlorener Schlacht und Gefangennahme des Offiziers werden ihm von Vlad sein Schwert und damit seine Freiheit zurückgegeben. Kurz darauf erhebt der Woiwode ihn zum Armaş, der für die Ausführung der vom Woiwoden ernannten Gesetze zuständig ist. Damit wird er vom Gegner Vlads III. zu seinem loyalsten Vertrauten, der später einen Mordanschlag auf den Woiwoden verhindert und sogar seinen

---

[25] Năstase, D., Vlad Țepeş, http://www.youtube.com/watch?v=ZXr6MaVBiiU&feature=watch_response, 1:42:34, Rumänien: Romaniafilm, 1979, 0:00:07 – 0:00:10.
Im Original: „în colaborare cu Ministerul Apărării Nationale"
[26] Năstase, Vlad Țepeş, 0:03:54 – 0:03:55.

eigenen Bruder hinrichten lässt, weil dieser sich auf die Seite eines Aufstandes gegen Vlad Țepeș stellt. Gegen Ende des Films stirbt der Armaș, weil er die Festnahme Vlads durch den ungarischen König verhindern will.

Auch in den Schulen wird der Mythos gelehrt. Zum Beispiel findet sich in einem Lesebuch der 3. Klasse aus dem Jahr 1976 die Anekdote „Un ostaș de-al lui Țepeș" (rumänisch „Ein Soldat des Pfählers"), die die Gefangennahme eines Soldaten des Woiwoden Vlad III. durch die Osmanen beschreibt. Der Soldat wird vom Sultan verhört, gibt aber trotz des Angebots von Reichtum und der anschließenden Androhung von Gewalt keine militärischen Informationen der Walachen Preis. Auf die Frage, ob „alle Soldaten des Pfählers so klug"[27] wie er seien, antwortet der Soldat: „Ich bin von allen [Soldaten] der dümmste. Denn sonst wäre ich, wie die anderen: Entweder tot oder frei."[28] Darauf bekennt der Sultan: „Wenn Țepeș 100.000 solcher Soldaten hätte, hätte er uns schon lange aus Europa vertrieben."[29] Dem Soldat wird anschließend vom Sultan, wegen seines Mutes und seiner Treue, die Freiheit geschenkt.

Die Loyalität, die dieser Soldat Vlad, seinem Herrscher, entgegenbringt, ist durchaus vergleichbar mit der Treue des Armaș aus dem bereits besprochenen Film. Das kommunistische Regime zeigt hier eindeutig das Interesse, zwei Beispiele für Untertanen darzustellen, die aufgrund ihrer unerschütterlichen Treue gegenüber ihrem Herrscher hoch belohnt werden. Im Film mit einer steilen Karriere, im Lesebuch mit der Freiheit und dem Leben.

3.2.2 Ikonische Verdichtung

Um die Verbreitung des von den Kommunisten angestrebten rumänischen Nationalgedankens zu sichern, wird auch Wert auf eine ikonische Verdichtung gelegt, also auf eine Verbreitung des Mythos auf bildlicher Ebene. So werden unter anderem Büsten Drăculeas sowohl in der Heldenhalle des Bukarester Militärmuseums, als auch in den Städten Târgoviște und Ploiești aufgestellt und eine Statue in Giurgiu errichtet.

---

[27] Dițuleasa, F. u. a., Citire. Manual pentru clasa a III-a, in: Editura didactică și pedagogică (Hg.), Bukarest 1977, S. 40.
Im Original: „Toți soldații lui Țepeș sînt isteți ca tine?"
[28] Ebd., S. 40.
Im Original: „Din toți, eu sînt cel mai prost, căci altfel eram și eu ca ceilalți: Mort ori liber."
[29] Ebd., S. 40.
Im Original: „Dacă Țepeș ar avea o sută de mii de soldați ca acesta, de mult ne-ar fi gonit din Europa!"

Dr. Light betont, dass bis 1988 keine Statue Vlads in Bukarest aufgestellt wird, der „Stadt, die er angeblich gegründet haben soll"[30].

Außerdem werden historische Gedenkstätten restauriert und für die Öffentlichkeit zugänglich gemacht, so auch bedeutende Orte des Vlad Țepeș Mythos, wie der Fürstenhof von Târgoviște (1961-1973) und die Burg Poenari (1968-1972). Als „für die Öffentlichkeit wahrscheinlich gängigste Form der Erinnerung an den Pfähler"[31] bezeichnet Light die 1959 und 1976 eingeführten Briefmarken, die das Portrait des Woiwoden zeigen. Hierzu schreibt er: „Briefmarken mit propagandistischen Elementen waren sehr häufig. Zudem erschienen mit-

Abb. 5: Vlad Țepeș Statue in Giurgiu
Quelle:
http://prinzvlad.com/navigation.html

telalterliche Woiwoden regelmäßig auf solchen Briefmarken: 28% dieser zwischen 1970 und 1989 herausgegebenen Briefmarken zeigten das Abbild solcher Personen."[32] Allein diese Zahl macht deutlich, dass das kommunistische Regime auf die Präsenz ihrer Vorbilder im Alltag der Rumänen großen Wert legt.

3.2.3 Rituelle Inszenierung 1976

500 Jahre nach dem Tod Vlads veranstaltet die PCR im Dezember 1976 eine Jubiläumsfeier, die zum Höhepunkt der Țepeș-Verehrung wird. Zu dieser Gelegenheit verfassen mehrere Schriftsteller Werke rund um den Woiwoden, es werden Lobreden über den Pfähler gehalten und eine Briefmarke erscheint. Nicolae Stoicescu, im bereits erwähnten Kinofilm von Doru Năstase als „ge-

---

[30] Light, The Status of Vlad Țepeș, S. 8.
Im Original: „There may also have been other, smaller statues and busts raised during the Communist era, but significantly, there was no statue to Vlad in Bucharest – the city he reportedly founded!"
[31] Ebd., S. 10.
Im Original: „Perhaps the most visible public commemoration of the Impaler is the issue of a stamp featuring Vlad's image."
[32] Ebd., S. 8.
Im Original: „Thus, stamps that had a propagandist element were very common. Moreover, the medieval voivodes regularly appeared on such stamps: 28% of those issued between 1970 and 1989 featured the images of such figures."

schichtlicher Berater"[33] angegeben, veröffentlicht sein Buch „Vlad Țepeș" im selben Jahr, welches der „Akademischer Verlag der Sozialistischen Republik Rumänien"[34] herausgibt. Schon im Vorwort von Prof. Dr. Ștefan Ștefanescu, damals Direktor des „Nicolae-Iorga-Instituts" für Geschichte, wird Vlad als Kämpfer, der im „Dienste des Schicksal des Landes"[35] handelte, gepriesen. Es wird sogar kurz auf ihn als Opfer der „vielen Spekulationen der Science-Fiction-Literatur"[36] eingegangen. Der Professor beklagt außerdem den „traurigen Ruf, den Vlad Țepeș von einer billigen Literatur erhalten hat"[37]. Er stellt auch klar, dass diese erfundene Figur nichts mit dem wahren Vlad gemeinsam habe außer den Namen „Dracula", den er von seinem Vater erhalten hatte.[38] Hierbei ist erkennbar, dass Ștefanescu die Vampirsaga Bram Stokers nicht direkt nennen will, sondern sie umschreibt. Es stellt sich die Frage, die auch Light in seiner Arbeit auch formuliert, wie Rumänen, von denen nur die wenigsten zu dieser Zeit jemals von Stokers „Dracula" gehört haben, mit dieser Textstelle umgehen sollen.

Auch die Presse wird auf ihn aufmerksam, so betitelt ihn die „Munca" am 10.12.1976 als einen „Woiwoden, der eine gute und strenge eingehaltene Ordnung aufrecht erhielt"[39], „einen ehrlichen Woiwoden von ungebrochenem Mut, der einen Übeltäter niemals dulden würde"[40] und einen „Ritter der Gerechtigkeit und des Friedens, der niemals eine Unterdrückung des Volkes zulassen würde"[41]. Die Jugendzeitschrift „Scînteia Tineretul" nennt ihn zwei Tage später „eine prominente Persönlichkeit unserer nationalen Geschichte,

---

[33] Năstase, Vlad Țepeș, 0:02:56 – 0:03:02.
Im Original: „consilier istoric Prof. Dr. Nicolae Stoicescu"
[34] Im Original: „Editura Academiei Republicii Socialiste România"
[35] Stoicescu, N., Vlad Țepeș, in: Editura Academiei Republicii Socialiste România (Hg.), Bukarest 1976, S. 10.
Im Original: „în slujba înălțării țării"
[36] Ebd., S. 10.
Im Original: „la o mulțime de speculații literaro-fantastice"
[37] Ebd., S. 10.
Im Original: „tristei faime dată lui Vlad Țepeș de o literatură ieftină"
[38] Vgl. Ebd., S. 10.
Im Original: „Ele n-au păstrat de la domnul român decît numele, luat de la tatăl său, Dracula"
[39] Cioranescu, G., Vlad the Impaler – current parallels with a medieval Romanian prince, in: http://www.osaarchivum.org/files/holdings/300/8/3/text/52-5-181.shtml.; Zitiert aus: Almas, D., Vlad the Impaler from a Perspective of 500 Years, in: Munca vom 10.12.1976.
Im Original: „a voivode who upheld good, strictly observed order"
[40] Ebd.; Zitiert aus: Almas, Vlad the Impaler from a Perspective of 500 Years.
Im Original: „an honest voivode of undaunted courage who would never pardon an evildoer"
[41] Ciranescu, Vlad the Impaler, S. 4.; Zitiert aus: Almas, Vlad the Impaler from a Perspective of 500 Years.
Im Original: „a knight of justice and freedom who would never forgive an oppressor of the people"

14

die den Willen der Rumänen, frei innerhalb der Grenzen unserer Vorfahren zu leben, verkörpert."[42]

3.3 Vermutliche Gründe der Verehrung von Vlad Țepeș

Nach Betrachtung des Aufwands, mit dem die PCR den Vlad Țepeș-Mythos unter den Rumänen zu bestärken versucht, stellt sich die Frage, welche Gründe eine solche Verehrung hat. Um dies zu beantworten, muss zunächst klargestellt werden, dass Vlad III. einer unter vielen Woiwoden war, die vom rumänischen Regime als Helden der Nation eingestuft werden. Dr. Duncan Light betont sogar in seiner Arbeit, dass Drăculeas „kurze und letztendlich gescheiterte Herrschaft nicht hinreichend genug war, um ihn zu einem der größten Nationalhelden zu ernennen."[43] Als ein Beispiel führt Light den oben erwähnten Artikel an, der 1976 in der „Scînteia Tineretul" erscheint, der „auf Seite 4 gedruckt wurde, während das Titelblatt den 375. Todestag Mihai Viteazuls verkündet"[44].

In den folgenden beiden Punkten sind weitestgehend historisch noch unerarbeitete Schlussfolgerungen enthalten, die aber auf der Beschäftigung des Autors dieser Seminararbeit mit dieser Thematik basieren.

3.3.1 Stärkung des Gemeinschaftsgefühls

Wie viele Mythen und Legenden soll der Mythos Vlads zum einen das Gemeinschaftsgefühl in der „Sozialistischen Republik" stärken, indem sein Leben und die Werte, für die er sich einsetzte, eine Vorbildfunktion einnehmen. Sein von den Kommunisten gepriesener Mut, den er aufbringt, um den beiden Großmächten (dem osmanischen Reich und Ungarn) zu trotzen und dann sogar dem Heer des osmanischen Imperiums das Fürchten lehrt, soll unter den Rumänen einen Nationalstolz erwecken. Vlads angebliche Aufopferung für das Vaterland soll als Vorbild dienen und das rumänische Volk dazu bringen, sich gemeinsam für das von den Kommunisten regierte Land einzusetzen.

---

[42] Ebd.; Zitiert aus: Andreescu, S., in: Scinteia Tineretului vom 16.12.1976.
Im Original: „a prominent personality of our national history, personifying the will of the Romanian people to live freely within the boundaries of our ancestors"
[43] Light, The Status of Vlad Țepeș, S. 12.
Im Original: „Vlad's short and ultimately unsuccessful reign was insufficient to elevate him to the top rank of the pantheon of national heroes."
[44] Ebd., S. 9.
Im Original: „But again this needs to be put into perspective: this article was printed on page 4, while the front page featured a piece about the 375th anniversary of the death of Michael the Brave."

Das von der Regierung erhoffte Gemeinschaftsgefühl, das sich daraus ergeben soll, wird des Weiteren durch die Schaffung eines Feindbilds gefestigt. Vermutlich soll durch die Feindschaft Vlads gegenüber dem osmanischen Reich, dem ungarischen Königreich und den in den Siebenbürger Städten vorherrschenden Deutschen das von den Kommunisten vorgegebene Feindbild gegenüber den in Rumänien lebenden Minderheiten dieser Nationen verstärkt werden. In „Lasting Legacies. Vlad Ţepeş and Dracula in Romanian National Discourse" (englisch „Andauernde Hinterlassenschaften. Vlad Ţepeş und Dracula im rumänischen Nationaldiskurs") beschreibt Nárcisz Fejes „Ceauşescus extremen nationalistischen Diskurs"[45]: Es werden Maßnahmen ergriffen, um „Rumäniens Minderheiten zu schwächen"[46]. So werden z.b. transsilvanische Dörfer, die größtenteils von Ungarn bewohnt werden, verwüstet.[47]

3.3.2 Legitimierung politischer Ziele

Eine weitere Funktion dieses Mythos ist die Legitimierung kontroverser politischer Ziele und Denkweisen. Die Parteianhänger interpretieren in Vlads Handlungen Parallelen zur Politik der PCR hinein. Ferner lässt sich der selbsternannte „Conducător" (rumänisch „Führer") des rumänischen Volkes Ceauşescu als Nachfolger des Woiwoden darstellen, was ihm im Westen die Beinamen „Draculescu" und „roter Vampir" einbringen. Ein Beispiel für eine solche Rechtfertigung ist der Wille Vlads III., die Macht der Bojaren zu beschränken und den vorherrschenden Feudalismus gegen eine Zentralgewalt zu ersetzen, der von den Kommunisten als Legitimierung eines autoritären Staates gewertet wird. George Cioranescu schreibt in seinem kritischen Beitrag für „Radio Free Europe" über das Jubiläumsjahr: „Letztendlich kommen diese Historiker zu dem Schluss, dass das Land nach Betrachtung von Vlads Geschichte nur unter einer autoritären Herrschaft blühen kann."[48]

---

[45] Fejes, N., Lasting Legacies. Vlad Ţepeş and Dracula in Romanian National Discourse, John Benjamins Publishing Company (Hg.), History of the Literary Cultures of East-Central Europe. Junctures an Disjunctures in the 19th and 20th Centuries, o.O. 2004, S. 333.
Im Original: „Ceauşescu's extreme nationalist discourse"
[46] Ebd., S. 338.
Im Original: „to weaken Romania's minority groups"
[47] Ebd., S. 338.
Im Original: „The distruction of the predominantly Hungarian-populated Transylvanian villages and the attempt to remove the Hungarian pastor Lászlo Tökés from the city of Timişoara (an event that was one of the triggers of the December 1989 uprising in that city) all aimed to weaken Romania's minority groups."
[48] Cioranescu, Vlad the Impaler, S. 6.

Vlads Bestreben, sein Fürstentum von der Abhängigkeit der beiden Großmächte zu lösen, wird ebenfalls als Parallele zu Ceaușescus „Entschlossenheit Rumänien durch die Abbezahlung der Auslandsschulden zu einem selbst versorgenden Staat zu machen"[49].

4 Volles Potenzial des Vlad Țepeș-Mythos unter Ceaușescu

Zusammenfassend kann man dem Vlad Țepeș-Mythos zu Zeiten des „Tovarășul Nicolae Ceaușescu"[50] nach dem von Herfried Münkler definierten Schema der drei Ebenen der Mythosdarstellung ein großes Potenzial zuschreiben, da er in jeder dieser Ebenen vertreten ist: In der narrativen Variation ist er schon vor Ceaușescus Diktatur durch die Weitererzählung der Anekdoten über Țepeș in der rumänischen Folklore präsent. Durch mediale Verarbeitung, wie dem Kinofilm „Vlad Țepeș" von Năstase, oder durch Lehren der Vlad Țepeș-Legende in der Schule wird dies noch vom kommunistischen Regime verstärkt.

Zur ikonischen Verdichtung wird Țepeș Motiv für Büsten und Statuen, die in verschiedenen Städten aufgestellt werden. Er wird zweimal durch herausgegebene Briefmarken mit seinem Portrait Teil des Alltags und sein Fürstenhof in Târgoviște und andere Gedenkstätten zum beliebten Reiseziel der Rumänen.

Im Dezember 1976 findet die rituelle Inszenierung, das Gedenken an Vlads 500. Todestag, statt. Zu diesem Anlass werden schon im Voraus Biographien von im sozialistischem Rumänien angesehenen Historikern verfasst und Artikel über Vlad Țepeș in die Zeitung gesetzt. All das wird von der „Kommunistischen Rumänischen Partei" eingeleitet oder überwacht.

Vlad III. Țepeș Drăculea ist keine Ausnahme, den meisten mittelalterlichen Woiwoden wird von der kommunistischen Obrigkeit sehr viel Aufmerksamkeit

---

[49] Im Original: „Finally, these historians bring up the fact that, according to Vlad, the country can prosper only under an authoritarian rule."

[49] Holman, N., The Economic Legacy of Ceausescu, in:
http://www.ceausescu.org/ceausescu_texts/economic_legacy.htm; Zugriff am 01.11.2011.
Im Original: „determination to make Romania self sufficient through the elimination of its foreign debt"

[50] Dițuleasa, Manual pentru clasa a III-a, S. 1.

geschenkt. Die Darstellung ihrer Legenden findet ebenfalls auf allen drei Ebenen statt und auch sie werden als Vorbilder glorifiziert.

1989 erschafft Nicolae Ceaușescu unbewusst die letzte Parallele zwischen Vlad Țepeș und sich selbst, indem er während der Revolution des rumänischen Volkes gegen das kommunistische Regime nach Târgoviște flieht, wo sich einst der Hof des Woiwoden Vlad III. befand, an dem er vermutlich auch durch einen Anschlag ums Leben kam. Dort wird der Diktator zusammen mit seiner Ehefrau Elena von Vertretern der Revolutionsbewegung gefangen genommen, verurteilt und anschließend exekutiert.

5 Literaturverzeichnis

5.1 Primärliteratur

Dițuleasa, F. u. a., Citire. Manual pentru clasa a III-a., in: Editura didactică și pedagogică (Hg.), Bukarest 1977.

Stoicescu, N., VladȚepeș, in: Editura Academiei Republicii Socialiste Români (Hg.), Bukarest 1976.

5.2 Sekundärliteratur

Fejes, N., Lasting Legacies. Vlad Țepeș and Dracula in Romanian National Discourse, in: John Benjamins Publishing Company (Hg.), History of the Literary Cultures of East-Central Europe. Junctures and Disjunctures in the 19th and 20th Centuries, Amsterdam/Philadelphia 2004.

Haumann, H., Dracula. Leben und Legende, München 2011.

Kunze, T., Nicolae Ceaușescu. Eine Biographie, Berlin 2000.

Light, D., The Status of Vlad Țepeș in Communist Romania: A Reassessment, o.O. 2007.

Light, D., When was Dracula first translated into Romanian, o.O. 2009.

Märtin, R., Dracula. Das Leben des Fürsten Vlad Țepeș, München 2008.

Zach, K., Vlad III. Țepeș, in: Deutscher Taschenbuch Verlag (Hg.), Lexikon des Mittelalters, Band VIII., München 2002, S. 1790.

5.3 Internetadressen

Cioranescu, G., Vlad the Impaler – Current Parallels with a Medieval Romanian Prince, in: http://www.osaarchivum.org/files/holdings/300/8/3/text/52-5-181.shtml; Zugriff am 06.11.2011.

Holman, N., The Economic Legacy of Ceausescu, in: http://www.ceausescu.org/ceausescu_texts/economic_legacy.htm; Zugriff am 06.11.2011.

Oschlies, W., Graf Dracula - der Liebe, in: http://www.n-ost.de/cms/index.php?option=com_content&task=view&id=848&Itemid=605; Zugriff am 06.11.2011.

Wikimedia Foundation Inc. (Hg.), Politischer Mythos, in: http://de.wikipedia.org/wiki/Politischer_Mythos; Zugriff am 06.11.2011.

Wikimedia Foundation Inc. (Hg.), Vlad III. Drăculea, in: http://de.wikipedia.org/wiki/Vlad_III._Drăculea; Zugriff am 06.11.2011.

5.4 Filme

Năstase, D., Vlad Țepeș, http://www.youtube.com/watch?v=ZXr6MaVBiiU&feature=watch_response; Zugriff am 06.11.2011, 1:42:34, Rumänien: Romaniafilm, 1979.